MOYEN

D'AUGMENTER CONSIDERABLEMENT L'EFFET

DES

ARMES A FEU

EN SORTE QUE PEU DE TROUPES RE-SISTEROIENT à CELLES QUI EN FE-ROIENT USAGE,

AVEC

L'EXPLICATION DE LA METHODE

DE

FAIRE PASSER LES FLEUVES A UNE TROUPE SANS PONTS, RADEAUX, NI BATEAUX, ET DE LA FAIRE

MANOEUVRER

ET TIRER DANS

L'EAU,

AVEC FIGURES.

PAR *J. G. BOREUX,*

ARCHIT. ET INGÉN.

à DRESDE, 1799.

CHEZ LES FRERES *WALTHER.*

De la flamme, de la fumée et du bruit, voilà l'effet le plus confiderable des armes à feu aujourd'hui, et c'eft fouvent le feul qu'il produit. Que de millions de cartouches brulées dans une Campagne, que peu d'ennemis tués ou bleffés par leur effet! Un Bataillon ayant confommé 50 à 60000 Cartouches, a rarement tués ou bleffés plus de 50 à 60 hommes; donc fur 1000 coups de tirés, on n'en compte ordinairement qu'un de réuffite! La preuve en eft évidente par le fait; une Campagne un peu vive coute plus de 40,000,000 de cartouches, et la plus meurtriere ne coute pas fouvent plus de 40,000 ennemis tués ou bleffés, dont la plus grande partie l'a été par l'arme blanche. Cette énorme

A ij

nullité du feu a plusieurs causes connues de tout Militaire; nous nous bornerons à dire ici, que généralement le Soldat tire presque de trop loin, trop haut ou trop bas; on a vu souvent qu'une Troupe avoit consommée toutes ses cartouches avant que l'ennemi fût parvenu à la portée de son fusil; quant à la justesse du Tir, que de longs, fréquens et pénibles exercices, produiroient peu de changement, puisque des coups de Chasseurs choisis, n'ont pas fait plus de merveilles que les autres. Eh! quelle exorbitante consommation de poudre ne faudroit-il pas faire en tems de paix! d'ailleurs il seroit toujours très different de tirer en Bataillon, en troupes rangées, ou de pointer son ennemi à son aise. A peine le Soldat voit-il son ennemi qu'il brule d'envie de tirer, il craint d'être prevenu; peu d'Officiers ont assez d'intelligence ou de force pour contenir leurs Soldats, qui preſque toûjours ignorent la portée de leurs coups, et la connoiſſant très peu, peuvent la meſurer de l'œil. Eſt-on en train de tirer, c'eſt à qui tirera le plus vite et le plus mal; le Soldat qui ne peut voir où va ſa balle, ne peut s'appercevoir de la peine inutile qu'il ſe donne. Son feu finit, frappé du peu d'effet qu'il a produit, il ſe décourage en proportion de ſa durée ou quantité, et s'il ne lui reſte plus que peu de cartouches, il ſe regarde comme vaincu, ſi l'ennemi continue à tenir ferme.

Ce que nous venons de dire des petites armes à feu, peut également s'appliquer au Canon; j'ajouterai même que par expérience, je le crains moins que la Mousqueterie, et la plûpart des Militaires ſont de mon ſentiment. — C'eſt réellement quel-

A iij

que chofe d'incroyable que le peu d'effet de tout cet horrible tintamarre; je n'en citerai que deux exemples.

Près de Dinant eft le hameau d'Herbufchenne, compofé de trois Fermes et 5 à 6 mafures tellement referrées qu'il forme une efpece de bouquet. Sur la rive oppofée de la Meufe, les infurgés Brabançons avoient plus de 10 pieces de gros Canons de 18 liv. et 36 liv. dirigés fur cet hameau; quelques-unes de ces pieces étoient à peine à 400 Toifes, placées en trois batteries, et leur direction étant croifée, le hameau étoit battu de face et par fes deux flancs, fervis par de bons Artilleurs françois; un feu journalier fouvent très vif, pendant cinq à fix mois confécutifs, a envoyé plus de 4-à 5000 boulets fur cet hameau qui en fut criblé; il contenoit une centaine d'hommes du Re-

giment de Bender et 30 Chaſſeurs de
le Loup.

Ces 4 - à 5000 Boulets de 36 et 18
n'ont tué qu'un ſeul homme, pas un fut
bleſſé, malgré la quantité prodigieuſe des
éclats de pierre. Le Soldat étoit ſi familia-
riſé avec les boulets qu'on lui envoyoit, qu'il
s'en faiſoit non ſeulement un jeu, mais encore un objet de ſpéculation et de gour-
mandiſe; mettant Capotes bas, ils ſe mon-
troient en troupe, et en habit blanc, hors
des hayes du hameau, pour s'attirer quelques boulets, qu'on ne leur laiſſoit point
attendre longtems, et c'étoit à qui coureroit
au plus vite où ils étoient tombés, pour
les ramaſſer; du poids de 36 liv. ils les ven-
doient ordinairement un Eſqualin (18 Kreu-
zers) piece: tout cela alloit en grande partie à la marmite, elle étoit jour et nuit ſur

le feu. Cette Compagnie étant sorte du hameau crevant d'embonpoint, pouvoit dire
que 4 - à 5000 boulets ne leur avoit fait aucun mal, mais beaucoup de bien. —

Je donne le second exemple du même
poste. Les Autrichiens y avoient une Bat-
terie de deux pièces de 12 lb. Dans une
attaque contre le poste voisin (Hordeno)
30 Dragons ennemis vinrent caraçoler sous
le feu et à la portée du fusil de cette batte-
rie ; les Autrichiens consommerent près
d'un Caisson de Cartouches à mitrailles
contre ces 30 hommes, pas un ne fut atteint, pas même un cheval ! — L'appari-
tion des Dragons de la Tour fit ce qu'u-
ne canonade de deux heures n'avoit pu
faire. Je pourrois citer vingt autres exemples, et quel Militaire n'en pourroit point
citer autant ? — Qui ne conviendra que

la manière de faire la guerre aujourd'hui
est plus dispendieuse et bruyante que meur-
trière? — Qu'on cherche moins à se dé-
truire, qu'à se ruiner et à s'épouvanter
mutuellement. —

Fréderic le grand, frappé du peu
d'effet des petites armes à feu, eut plusieurs
fois l'idée de les rejetter et de reprendre
l'usage des piques; mais il est mille occasions où le fusil (quelque modique qu'en
soit l'effet) est absolument nécessaire et ne
peut être remplacé par la pique; tel est par
exemple la défense d'un Retranchement et
sur-tout le passage d'une riviere ou d'un
simple ruisseau. On s'étoit imaginé qu'en
multipliant les coups autant que possible,
l'on multiplieroit aussi leurs effets; de-là
les peines qu'on s'est donné pour faire tirer
7 à 10 coups de fusil par minute à chaque

Soldat. L'expérience prouve conftamment que plus le Soldat tire vite, et plus il tire mal, et que ce moyen n'aboutit qu'à multiplier inutilement et en pure perte, la depenfe de l'Etat et la peine du Soldat. ——

Cet objet m'a toujours paru digne de la plus grande attention des Tacticiens; une idée fimple me frappe, j'en fais l'effai, elle réuffit, et mon étonnement eft qu'elle n'ait pas encore été faifie; tel eft le fort ordinaire des moyens fimples et faciles, d'échapper à la fagacité des perfonnes ftudieufes. ——

Je fis fur cette découverte un Memoire avec les deffeins néceffaires pour l'intelligence du Texte; j'établis que par ce moyen fimple, facile et économique pour l'Etat, le Soldat ne tireroit plus de trop loin, ni trop haut, ni trop bas; qu'indépendamment de la jufteffe du Tir, l'effet des armes

à feu', infinement augmenté, deviendroit
des plus terribles, et que peu de troupes
refifteroient à celles, qui en feroient ufage,
jusqu'à ce qu'elles l'ayent adopté. Ce
moyen également applicable à l'Artillerie,
la rendroit beaucoup plus meurtriere et
pourroit procurer une économie confiderable dans cette partie. Je livre ce Memoire
à l'impreffion et au jugement des perfonnes de l'Art. —

Pourquoi a -t-on de nos jours multi-
plié fi confidérablement les Obufiers? —
parceque l'effet de l'Obus eft plus que du
double fupérieur à celui du Boulet. Le
Boulet ne fait que frapper l'objet qu'il atteint; — s'il n'en atteint aucun, c'eft un
Boulet perdu, un coup de Canon compté
pour nul; il n'en eft pas de même de celle de
l'Obus, qui eft encore dangereufe étant tom-

bée, et qui après avoir demonté un Canon,
brifé un chariot etc, va encore bleffer plu-
fieurs Soldats en crevant. Le Boulet ne
fait que percer, fracaffer un édifice. L'Obus,
outre le même effet, y met le feu et l'incen-
die etc.

On peut envoyer des Obus avec le Canon, leurs portées en feroient plus longues.
Au lieu d'un Boulet on mettroit dans la
Gargouffe une Obufe avec une fufée qui
pénétreroit affez avant dans la poudre de la
charge, et qui prendroit feu à la flamme de
la dite charge. On pourroit donc diminuer confidérablement les trains d'Artillerie, pouvant très fouvent même dans les
Siéges et Bombardemens fe paffer de Mor-
tiers et d'Obufiers; cela feroit une économie confidérable pour l'État. Je crois
qu'en beaucoup d'occafions il feroit très

avantageux de fubftituer l'Obus au Boulet, et fur-tout fe fervir de petites balles de fer grenadé, lorsqu'on veut tirer à mitraille; leur meche ou fauciffon fe réuniroit à la fufée qui, traverfant le plateau, prendroit feu à la flamme de la charge. Il faudroit que la boîte de mitraille et la poudre de la charge, ne formaffe qu'une même gargouffe.

En fuivant la même idée pour la Mousqueterie, on peut (fans abandonner totalement les balles de plomb) fe fervir de balles de fer grenadées pour les fufils et piftolets! — J'en ai fait faire en bronze, n'ayant pas trouvé d'ouvrier pour les faire en fer. L'expérience que j'en ai fait au piftolet a parfaitement réuffi. —

Voyez la figure No. 1. que je fuppofe être le calibre du canon d'un mousquet ordinaire, A. eſt la bale grenadée remplie de poudre. B. eſt la fuſée en fer ou en cuivre qui pénetre dans la charge et qui prend feu à la flamme de la dite charge. C. eſt la poudre de la charge. D. eſt le chanvre qui entoure la fuſée pour en diriger directement le bout au centre de la charge du Mousquet, et empêche que, ſe dirigant de travers, la fuſée ne faſſe arreter la balle à quelque deſaut du parois intérieur du canon du Mousquet ou Piſtolet. Ce chanvre ſert en outre à bourrer la poudre de la charge. E eſt le papier de la cartouche qui ſert encore à bourrer la balle,

La Figure No. 2. eſt la vûe de cette balle avec ſa fuſée, entourée de chanvre. NB. 1. Cette fuſée doit pénétrer jusqu'au centre de la balle. 2. Elle doit ſe viſer à ſon entrée. 3. On ne la met qu'après avoir rempli la balle de poudre (cela s'entend de soi-même). 4. La composition de la fusée, pour être parfaite, doit être lente à bruler et facile à s'enflammer. Celle dont je me suis servi dans l'expérience que j'en ai fait, n'étoit simplement que de la poudre broyée à l'eau; elle s'enflamma aisément à la flamme de la charge, chaque fois que j'en fis l'expérience. Plus la composition de la fusée sera lente à bruler, plus la balle sera dangereuse à l'ennemi, puisqu'après être tombée elle pourra le blesser en crevant. Si au contraire la composition bruloit trop vite, la balle creveroit en l'air, c'est à dire, chemin faisant, et elle feroit peu d'effet. L'on doit en faire quelques expériences avec l'espece de Mousquet ou Pistolet, dont on veut se servir. 5. La fusée ne doit point être trop grosse, il ne faut lui donner de largeur intérieure qu'autant qu'il en faut pour contenir une composition, qui ne soit point sujette à s'éteindre par sa maigreur. 6. Les fusils en cuivre sont les meilleurs; ils ne coutent pas plus que ceux en fer. 7. Le chanvre qui entoure la fusée doit être collé ou fixé à la bale avec un peu de poix ou autre matiere pour empêcher qu'il ne se détache; ce chanvre ne doit pas non plus descendre jusqu'au bas de la fusée, dont le bout doit être découvert et entierement dégagé, ainsi qu'on le voit dans la Figure. No. 2. — 8. Ce chanvre qui entoure la fusée, ne doit point lui être attaché, ni trop serré, pour qu'il se puisse comprimer facilement entre la balle et la charge qu'il doit bourrer, ainsi qu'on le voit en D. Figure No. 1. qu'on peut comparer à son état en D. Figure No. 2. — 9. La composition de la fusée doit former une espece de gland saillant à

son

fon extrêmité; c'eft pour cet effet que la fufée eft terminée en forme de trompette, par ce moyen la compofition prend plus aifément feu à la flamme de la charge, qui eft un des points les plus effentiels. —

Examinons préfentement la propriété et les effets de ces balles avec le moufquet et le piftolet. On ne peut rien faire avec les balles ordinaires, contre une Troupe placée derriere une muraille où un parapet; avec les balles grenadées le Fufilier et le Cavalier avec le fufil et le piftolet peuvent atteindre et bleffer l'ennemi, qu'ils ne voient pas, étant cachés derriere une muraille ou un parapet, ainfi qu'on le voit par les figures No. 3 et 4. La balle grenadée en tombant décrit une parabole ainfi que la Bombe et l'Obufe. Si la fufée eft lente à bruler, la balle étant tombée dans le chemin couvert, fur la banquette ou de terre-plein du rempart, entrée dans l'intérieur d'un retranchement ou d'une cour, peut en crevant bleſſer les Soldats qui s'y trouveroient. De plus le fantaſſin et le Cavalier avec leurs fuſils et piſtolets pourroient incendier les villes et les villages, les balles grenadées perçant les toits, en crevant mettroient le feu dans les greniers. —

Nous avons dit que généralement le Soldat tiroit presque toujours trop bas, trop haut, ou de trop loin. Suppoſons qu'un Officier ſe trouve placé avec ſa troupe dans une redoute (voyez Figure 5. lettre C.) pour empêcher que le Soldat ne conſume inutilement des cartouches en tirant avant que l'ennemi ſoit parvenu à la portée de ſon fuſil, il pourra faire planter quelques piquets à cette diſtance (ainſi qu'on le voit en A.) defendant à ſes Soldats de tirer, avant que l'ennemi foit parvenu à ces piquets, ou autre marque qu'il aura fait faire. Voilà ce qu'il peut faire pour les balles ordinaires, fans pouvoir fe flatter d'être toujours obéi. Avec les balles grenadées cette précaution eft inutile. Dès que l'ennemi paroît, qu'il foit le premier à ordonner à un ou deux de tirer, recommandant aux autres de faire attention à l'endroit où la balle crevera. Du premier coup-d'œil la Troupe verra le point, où, l'ennemi étant parvenu, elle doit commencer à tirer, et l'inutilité de le faire avant. Cette connoiffance de la diftance de la portée de fon arme, cette conviction de l'inutilité de tirer de plus loin, chaque Soldat (fût-il abandonné à lui-même) pourra fe le procurer du premier coup de fufil. Voilà pour la portée; il en fera de même pour la juftefle du Tir; s'il voit crever la balle en l'air, il faura qu'il a tiré trop haut, et trop bas s'il voyoit qu'elle eſt enterrée, et ne crève pas; alors il rectifiera ſon erreur à la décharge ſuivante: ainſi tout Soldat, toute recrue, ſans exercices préalables, pourra tirer avec quelque précifion; il ne tirera plus de trop loin, peu de coups feront perdus, la plus grande partie feront effet.

Suppoſons (ſur la figure 5.) deux Troupes ennemies A et B, en préſence à 6 ou 700 Toiſes de diſtance. La portée ordinaire du Mouſquet ou Fuſil eſt eſtimée de 120 à 130 Toiſes; je ſuppoſe qu'elle eſt de 150 Toiſes, en ſorte que la Troupe en A, en tirant de ſa poſition, ſes balles n'iront que jusqu'en D et là, tomberont, ce qu'on appelle, *mortes*. Si cette Troupe A avoit des balles grenadées et que j'en fûs le Commandant, je la ferai marcher contre l'en-

nemi B. jusqu'en E ; c'eſt à dire à 200 Toiſes de la Troupe ennemie B. ; de là n'ayant
rien à craindre du feu de l'ennemi, puisque
ma Troupe ſeroit hors de ſa portée, j'or-
donnerois à mes Soldats une décharge générale à balles grenadées, qui certainement
n'iront pas jusqu'à l'ennemi ; je ſuppoſe
que ces balles n'iront qu'à 100 Toiſes et
creveront en F. ; on peut ſe figurer aiſé-
ment l'effet de cette décharge à balles grenadées, comparée à celle faite à balles ordinaires. La décharge à balles grenadées produit
double Flamme, double Fumée et double
Bruit ; cela doit être compté pour quelque
choſe. Toutes ces balles crevant en F.
formeront un nuage de flamme et de
fumée à quelque diſtance du front de
l'ennemi, qui pourra en être effrayé ; cela
fera ſur lui le même effet qu'une décharge

faite à brule-pourpoint. Mais mon principal objet, en commandant cette décharge à ma Troupe, seroit de lui faire voir qu'elle est hors de la portée des fusils de l'ennemi, ce dont elle se persuadera doublement, en voyant crever ses balles à mi-chemin et n'étant atteint d'aucunes de celles de l'ennemi. Alors je lui commanderois de se porter rapidement à pas redoublés jusqu'en F et là de faire feu sur l'ennemi, qui ne seroit plus qu'à la moyenne portée de fusil.— Ce mouvement en avant seroit fait par ma Troupe avec confiance et hardiesse, par la persuasion où elle seroit, qu'elle n'a rien à craindre, et que son second feu va être des plus meurtriers pour l'ennemi. En effet quel fracas ne produiroit pas dans une Troupe cette multitude de balles, qui frapperoient les uns, blesseroient les autres par leur éclats, en bruleroient une grande partie et porteroient dans les rangs le désordre et l'effroi. Je le repete, je crois que peu de Troupes refifteroient à ce feu; mais combien ne feroit-il pas terrible contre la Cavalerie. Qu'on fe figure cette multitude de petites grenades qui, crevant entre les chevaux, en blefferoient infailliblement un grand nombre, fur-tout au ventre; bleffures les plus incommodes et les plus dangereufes pour ces animaux. —

Lorsque la Cavalerie voudroit charger celle des ennemis, elle lui feroit une décharge générale des piftolets à balles grenadées, un inftant avant le choc; le désordre que cette décharge occafionneroit, rendroit la défaite de l'ennemi infaillible, et dans la pourfuite la continuité de ce feu lui feroit encore très nuifible.

Lorsqu'une troupe d'Infanterie ou de Cavalerie feroit obligée de battre en retraite, élle pourroit, par ce feu de fuſil ou piſtolet à balles grenadées, ralentir de beaucoup l'impétuoſité de la pourſuite de l'ennemi. — Autrefois on faiſoit un grand uſage des Grenades; on les trouva incommodes parce qu'étant fort groſſes, le Soldat n'en pouvoit porter que peu et qu'accablé par leur poids, ſa marche extrêmement pénible étoit ſouvent ralentie d'une maniere fort nuiſible aux opérations militaires de l'Armée; en outre leur grand poids faiſoit que le Grenadier ne pouvant les jetter fort loin, en étoit ſouvent lui-même plus incommodé de ſes éclats que l'ennemi. Cela en fit abandonner l'uſage en campagne, on ne s'en ſervit plus que dans les Places fortes, pour la défenſe du Foſſé et aujourd'hui leur uſage paroît, ſinon totalement abandonné, du moins devenu exceſſivement rare. — Telle eſt la marche de l'eſprit humain, la pareſſe de l'homme, qui préfere rejetter une chose qui ne lui paroît pas absolument bonne, sans vouloir se donner la peine de chercher les moyens de la rendre telle! — Si les grenades étoient trop grosses, on pourroit les diminuer, et je crois que des petites grenades de deux pouces ne surchargeroient point le Soldat, si on lui en donnoit quelques-unes, qui dans mille occasions seroient d'un usage très-avantageux. — Les balles grenadées que je propose, pourroient remplir ce but. — La seule attention que le Soldat doit avoir en chargeant son arme, est de faire tomber toute la poudre dans le canon du fusil, hors de la cartouche, puis de la dechirer avec les dents jusqu'à ce que la fusée et une partie du chanvre soit découvert.

Je suis loin de vouloir insinuer qu'on doit négliger, encore moins qu'on doit proscrire l'usage des balles de plomb. On doit continuer de s'en servir, et si on adoptoit les balles grenadées, je crois qu'il seroit bon de n'en donner qu'à quelques Soldats, par exemple, à ceux du troisieme rang, qui pourroient tirer, pointant un peu haut, au dessus des deux autres rangs, les balles faisant effet en tombant; mais je crois qu'il seroit encore mieux, d'en donner une petite partie à tout Soldat indistinctement, en leur récommandant de n'en faire usage qu'au commandement exprès que lui en feroit l'Officier. —

Les résultats qu'on feroit des premiers usages, regleroient le plus ou moins d'extension qu'on devroit lui donner. Je persiste à croire que la premiere Troupe qui s'en servira, se procurera un ascendant marqué sur l'ennemi et quelque succès, au moins dans les commencemens; c'eſt ce qui eſt toujours un grand avantage.

J'ai dit qu'il ſeroit avantageux de ſub-ſtituer quelquefois les balles grenadées aux balles de fer maſſif, lorsqu'avec le Canon on veut tirer à Mitraille. Si le Canon G. Figure 5. tire à Mitraille maſſive ſur les trois Eſcadrons ennemis qui lui ſont oppo-ſés, il ne pourra bleſſer qu'un nombre égal d'hommes ou de chevaux à celui des bal-les envoyées; ſans que les hommes ou chevaux voiſins en ſoient fort dérangés; tandis que le Canon H. tirant à balles gre-nadées, chacune de ces balles, outre les hommes et chevaux, qu'elles auront frap-pés, pourront encore en bleſſer, en crevant, trois ou quatre fois plus que leur nombre, et les hommes et les chevaux qui n'auront point été atteints, ſeront indubitablement

jettés dans un grand désordre; car rien n'ef-
farouche et ne fait plus cabrer les chevaux,
que les grenades qui crevent entre leurs jambes ou autour d'eux. Un coup d'œil fur
la Figure 5. fuffit pour juger de la différence
d'effet des balles et mitrailles grenadées aux
autres.

Je finis par m'en rapporter aux perfonnes de l'Art et furtout à l'expérience, juge
irréfragable de toutes les nouveautés.

On objectera, peut-être, la dépenfe
qu'occafionneroit la confection de ces balles grenadées, qui doivent couter plus que
les balles ordinaires de plomb. Quand il
s'agit du fuccès des Armées, c'eft à dire du
Salut de l'Etat; des petites raifons, de petite
économie, ne doivent point être écoutés;
d'ailleurs, la dépenfe n'en fera pas beau-

coup plus forte, puis qu'elle fera regagnée de plusieurs manieres.

Je me bornerai à dire que, si les balles grenadées coutent le double des autres, la dépenfe n'en fera pas plus confidérable, puisqu'on n'en tirera pas la moitie autant, et qu'on le fera avec plus de fuccès. —

Les feuilles périodiques du mois de Septembre dernier nous ont donné l'article fuivant de Paris.

„Le Citoyen MANGIN, Adjutant Gé-
„néral près le Miniftre de l'Intérieur, eft
„l'Inventeur d'une ingénieufe Machine dont
„on vient de faire l'effai fur la Seine. Voici
„ce qu'on publie fur cette expérience.
„Douze Militaires font entrés dans l'eau en
„Ordre de Bataille, armés de leurs fufils, et
„à l'aide d'une certaine Machine qui em-
„braffe le corps de l'homme, ils ont tra-
„verfé la Seine dans un clin-d'œil, et après
„s'être repandus en Tirailleurs dans la cam-
„pagne du bord oppofé, ils font rentrés dans

„la Seine, et du milieu du Fleuve ils ont
„fait un feu de Mousqueterie bien foûte-
„nu, chargeant leurs armes avec facilité, fur
„la furface de l'eau, ayant fouvent fous
„eux 20 et 30 pieds d'eau. Outre le poids
„de l'homme qui porte cette Machine, elle
„eft en état de porter encore un poids de
„100 livres en fus, fans enfoncer!” —

On lit dans les Guerres de la Révolu-
tion d'Hollande que les Efpagnols traver-
ferent de la forte un Bras de Mer très large,
pour aller attaquer l'Armée hollandoife, ran-
gée en Bataille fur le rivage oppofé, qu'é-
tant parvenu au milieu du Bras de Mer, où
ils n'avoient plus de fond, ils durent com-
battre les Hollandois, qui vinrent les attaquer dans des Bateaux; que les Efpagnols
manœuvrant, tirant et combattant dans l'eau,
parvinrent à les repouffer, à gagner le ri-

rage et à batire l'Armée Hollandoile, qui
les attendoit de pied - ferme en bataille ran-
gée.

De tels faits font mis au rang des Fa-
bles, par bien des gens. Cependant rien
n'eſt plus vrai et rien n'eſt plus ſimple,
plus aiſé, que le moyen dont les Eſpagnols
ſe ſervoient pour ces ſortes d'expéditions.
Il y a plus de 20 ans, que j'en ai vu la dé-
ſcription et les Deſſeins, dans un Traité d'Ar-
chitecture civile et militaire, fait par un
Général Eſpagnol ſous le Gouvernement
d'un jeune Électeur de Baviere, à qui ce
livre eſt dédié. Il eſt en 8vo. et a été impri-
mé à Bruxelles.

Voici ce moyen: Le Soldat fantaſſin
porté autour du corps au deſſus des hanches, une eſpece de Sac ou large Boyau

de

de peau fort mince, hermétiquement fermé, qui replié eſt d'un très petit volume et ne le gène nullement. Lorſqu'il veut entrer dans l'eau, il enfle cette eſpece de gros boyau, (de plus d'un pied et demi de diametre,) en le ſoufflant avec un chalumeau, et en ſerre fortement le conduit, lorſqu'il eſt rempli de vent. Ce boudin d'un gros volume le ſoutient en équilibre ſur la ſurface de l'eau, dans laquelle il ne s'enfonce que juſqu'aux hanches. Le Soldat qui porte la giberne haute ainſi que le ſac et l'habit replié deſſus, le fuſil en ſautoir ſur les épaules, ſe ſert de deux palettes fort minces, (qu'il porte ordinairement ſur le dos ſur la giberne,) ſe ſert, dis-je, de ces deux palettes en guiſe d'avirons pour diriger ſa Marche et ſes mouvemens ſur l'eau; il charge ſon fuſil, et fait feu avec aſſez de facilité; il en eſt quitte pour avoir les jambes et les cuisses mouillées! — Il est à remarquer que le Soldat blessé ou tué, reste sur l'eau, soutenu en équilibre par le boudin, de sorte que l'ennemi ne voyant ni tomber, ni plonger aucun homme, ne s'apperçoit point de l'effet de son feu, et le croit nul.

Le seul danger que le Soldat risque, est, de voir son boudin percé d'une balle: dans ce cas, ses voisins doivent le remarquer.

Cette méthode est commune pour la Cavalerie, en attachant 2 ou 4 outres enflés de vent sur les côtés de la selle, tenues à la hauteur nécessaire par une sangle qui passe sous le ventre du cheval.

Je crois que l'Invention du Citoyen MANGIN (et j'en suis même persuadé) n'eſt autre choſe que cela: le mot de Machine peut avoir été employé pour dérouter le Public et maſquer le vrai moyen.

On ne peut employer de moyen plus ſimple, plus aiſé, moins embarraſſant pour le Soldat, et de moins coûteux, que celui dont les Eſpagnols ſe ſervoient, que je viens de décrire, et que depuis plus de 200 ans l'expérience a prouvée être parfaitement bon. —

[illegible]

[illegible]

[illegible]
[illegible]
[illegible]
[illegible] coquina [illegible]
[illegible]
[illegible]
[illegible]
[illegible]

[illegible]

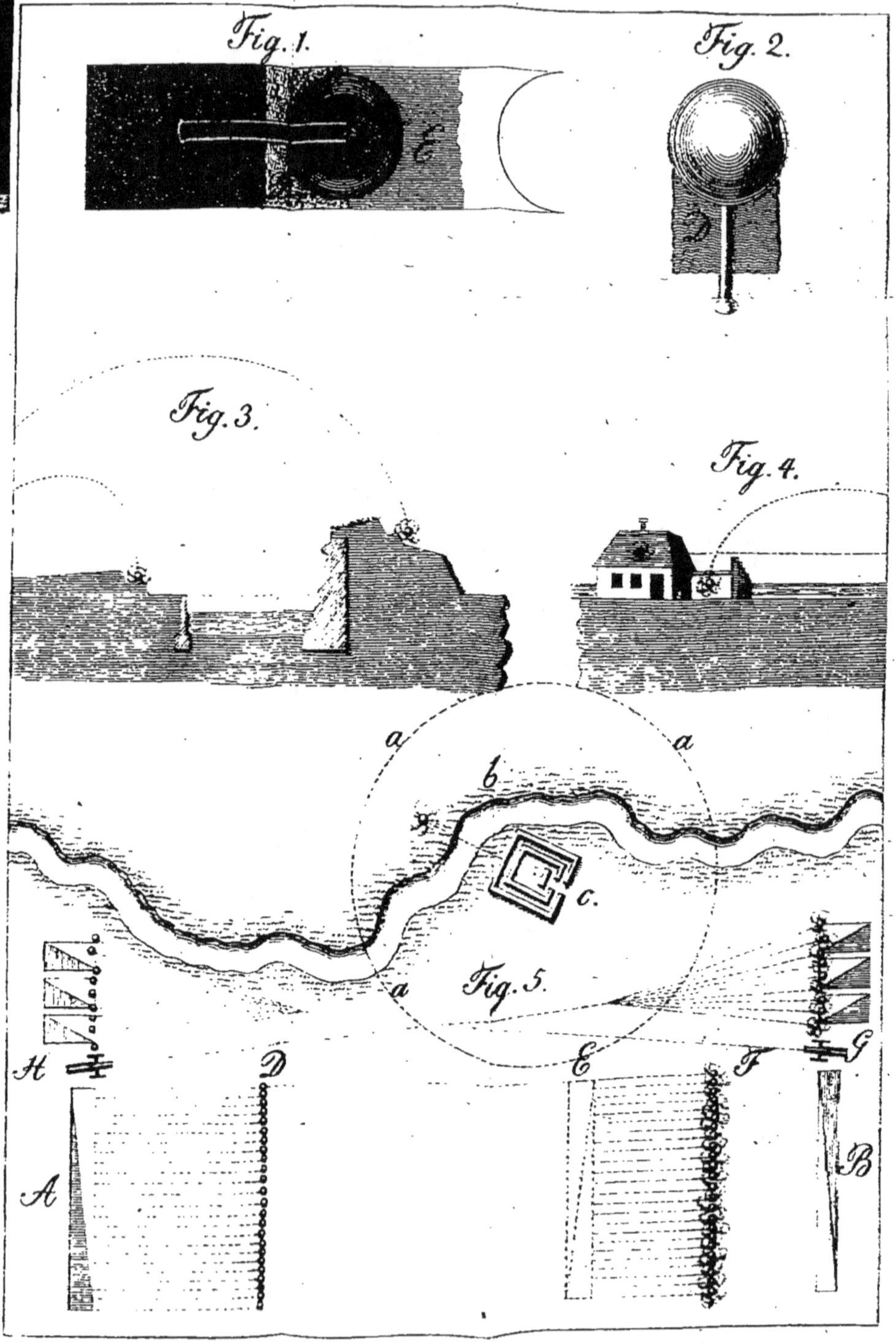

Fig. 1.
Fig. 2.
Fig. 3.
Fig. 4.
Fig. 5.